Verbundenheit

Piet van Veldhuizen

Auf diesen Seiten ziehe ich eine Zwischenbilanz nach einem mehrwöchigen Krankenhausaufenthalt im Herbst 2023: Ich versuche auszudrücken, was diese neue Erfahrung für mein Leben und meine Überzeugungen bedeutet. Ich bedenke dabei, dass sich mein Denken und mein Glaube immer weiterentwickelt haben. Auch die Zwischenbilanz ist daher eine Momentaufnahme.

Die Texte in diesem Büchlein sollen dem Leser daher keine Theorie darüber vermitteln, wie die Welt, die Menschen und Gott sind. Es ist ein Erfahrungsbericht, auf den man mit „Oh, das ist bei mir ganz anders!" antworten kann, oder „Ich habe es genauso erlebt!" oder etwas dazwischen. Fühlen Sie sich frei!

Die Bilder, die Licht zwischen den Wörtern atmen, sind fast alle aus *oneliners* entstanden. Das sind Zeichnungen aus einem einzelnen Strich, in denen alles durch die Kontinuität dieser einen Linie verbunden ist.

Alles ist aufeinander bezogen, und alle Menschen sind als Brüder und Schwestern gemeinsam auf einer wunderbaren Pilgerschaft, miteinander verflochten durch die Liebe, die Gott für jedes seiner Geschöpfe hegt und die uns auch in zärtlicher Liebe mit „Bruder Sonne", „Schwester Mond", Bruder Fluss und Mutter Erde vereint.

Papst Franziskus, Enzyclika Laudato si',
Absatz 92.

Inhaltsverzeichnis

1. Einführung
2. Verbunden mit der Erde
3. Verbunden mit dem Himmel
4. Niemals allein
5. Ego
6. Gut und Böse
7. Essen und gegessen werden
8. Krankheit
9. Gott
10. Sterben
11. Jesus und Franziskus: das Kreuz und der Kreis
12. Leben in Verbundenheit

1. Einführung

Alles ist verbunden. Ich bin mit tausend Fäden eingewoben in eine große Ganzheit, in die Welt, das Universum, alles. Das gilt für die physische Realität ebenso wie für die spirituelle Dimension des Daseins: Ich bin mit allem, was ist, völlig verwoben und verbunden. Dieser Glaube ist für mich in den letzten Jahren immer stärker geworden. Als Erlebnis begleitete es mich schon lange, auch wenn ich es lange Zeit nicht in Worte fassen konnte.

Man könnte es eine religiöse Überzeugung nennen, aber ich befürchte, das würde die Sache schmälern. Ich bin in der christlichen Tradition verwurzelt, kann aber meine Erfahrung der Verbundenheit sowohl mit als auch ohne das Wort „Gott" zum Ausdruck bringen. Glaube ist für mich die Hingabe, mit der ich mich der großen Verbundenheit anvertraue.

Im Spätsommer 2023 wurde ich unerwartet krank. Es stellte sich heraus, dass es sich um eine bakterielle Infektion des Herzens handelte: Endokarditis. Im Krankenhaus wurde ich ans Infusionsgerät gekuppelt in der Hoffnung, eine wochenlange Antibiotikabehandlung könnte die Infektion beseitigen. Doch die von den Bakterien besiedelte Herzklappe zeigte sich bei jeder wöchentlichen Untersuchung mehr beschädigt. Nach vier Wochen wurde entschieden, dass eine dringende Operation am offenen Herzen erforderlich sei, um die Herzklappe zu ersetzen und die Aorta auf weitere Entzündungen oder Schäden zu untersuchen. Zwei Wochen später wurde ein Polyp aus meinem Dickdarm entfernt, der möglicherweise der Auslöser der Infektion war, indem er Darmbakterien in den Blutkreislauf spülte. Gute Bakterien am falschen Ort.

Ich erzähle dies, weil mich die starke Erfahrung der Verbundenheit durch diese sechs Wochen im Krankenhaus und diese beiden Operationen getragen hat. Als Pfarrer einer christlichen Gemeinde habe ich in 35 Jahren viele kranke und sterbende Menschen besucht und mich oft gefragt: Wie erginge es mir, wenn mir so etwas passieren würde? Könnte ich damit umgehen? Würde mir mein fester Glaube helfen oder würde er mich im Stich lassen? Mir war immer klar, dass man das nicht im Voraus wissen kann: man weiß es erst, wenn es soweit ist.

Nun war es soweit, und es war eine wundervolle Erfahrung: zu wissen, dass der Tod gar nicht weit entfernt ist, dass der Ausgang ungewiss ist – und völlig gelassen, frei von Angst und Stress zu sein. Besorgt war ich zwar um meine liebe Frau Wilma. Wir sind erst seit so kurzer Zeit zusammen und gerne möchte ich das Leben mit ihr noch lange genießen. Aber gleichzeitig war da die tiefe und ruhige Erkenntnis, dass ich in diesem Moment keinen Einfluss darauf hatte, dass ich nur mit dem Strom des Geschehens gehen konnte. Auf Postkarten, die ich bekam, verwendeten Bekannte manchmal das Wort Achterbahn um zu beschreiben, was ich ihrer Meinung nach durchmachte, aber ich habe es nie so erlebt. Es war nicht so, dass ich von all dem, was auf mich zukam, betäubt war: Ich habe alles mit voller Aufmerksamkeit erlebt, das Medizinische, das Soziale, das Technische, das Innere – eine Fülle von Erfahrungen. Während meines Aufenthaltes im Krankenhaus habe ich manchmal gesagt, dass ich es wie ein Praktikum erlebte, und auch nachher fühle ich das immer noch so. Es war eine intensive Übung in 'leben in Verbundenheit', loslassen und gleichzeitig vollkommen präsent sein.

Immer wieder gibt es Leute, die sagen, dass sie es bewundernswert finden, dass ich es so erleben konnte, aber auch diese Qualifikation passt nicht zu dem, was ich erlebe. Es ist keine Errungenschaft, ich habe mich nicht dafür entschieden, es ist ein Geschenk, das mitkommt mit allem, was mir passiert. Ich denke oft an den letzten Satz aus dem *Tagebuch eines Landpfarrers*, über einen gequälten Landpfarrer in Frankreich, der in seiner Pfarrarbeit scheitert und davonläuft und am Ende unheilbar krank wird, aber Frieden findet: „Alles ist Gnade" (*Tout est grace*).[1] Wo Gnade nicht herablassend, sondern eher graziös ist: Du empfängst sie als ein Geschenk von Gott, von Menschen und Dingen, und inmitten des Ernstes der Lage ist so viel Güte um dich herum.

Gerade weil ich diese Gnade, dieses in-Verbindung-sein nicht „tun" kann, kann ich nicht sagen, wie es Andere tun sollen. In meiner Arbeit begegne ich Menschen, die unter Einsamkeit leiden, die sich unverstanden fühlen, die von Ängsten geplagt werden – und ich möchte ihnen gerne einen Ausweg zeigen, denn meine Überzeugung (und Erfahrung) ist: Es ist nicht nötig, man ist schon verbunden und man wird getragen, auch wenn man es nicht so erlebt. Aber es

---

[1] Georges Bernanos, 1936

gibt keinen Trick, von einer Erfahrungsweise zur anderen zu wechseln.

Dennoch werde ich auf diesen Seiten versuchen zu erklären, wie wir meiner Erfahrung nach in einem großen und guten Ganzen verbunden und eingewoben sind. In der Hoffnung, dass es Erkennungspunkte gibt, die einsamen oder ängstlichen Lesern helfen, die eigene Situation in einem anderem Licht zu sehen und allmählich weniger einsam und ängstlich zu werden.

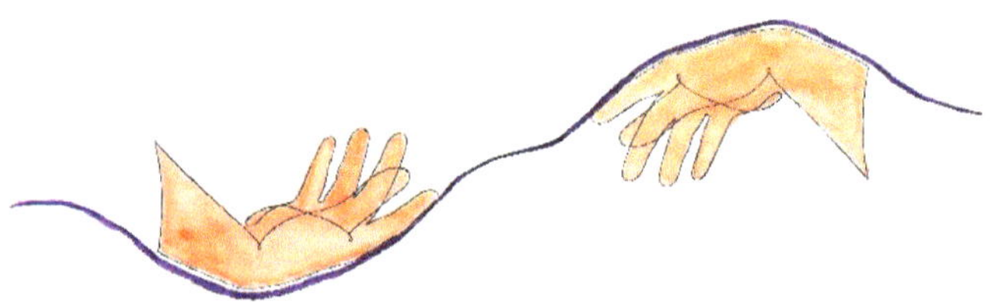

2. Verbunden mit der Erde

Wenn Sie an „Verbundenheit" denken, denken Sie vielleicht sofort an Mitmenschen: Familie, Freunde, Nachbarn, Kollegen. Die Leute, die fragen, wie es Ihnen geht, Hilfe anbieten, Karten schicken. Obwohl dieses menschliche Netzwerk auch für mich sehr wertvoll und wichtig ist, denke ich bei „Verbundenheit" vor allem in eine andere Richtung.

Verbunden bin ich in erster Linie mit der Erde und dem Himmel. Beginnen wir mit der Erde: Ich bin mit meinem Körper und meinem Stoffwechsel ein Teil davon. Ich bestehe aus der Materie, aus der alles im Universum besteht, und diese Materie steht im Laufe meines Lebens ständig im Austausch mit meiner Umgebung. Meine Zellen sterben und alles, was ich absondere, wird in anderen Lebensformen um mich herum wiederverwendet. In der Zwischenzeit bilde ich neue Zellen aus Baumaterialien, die ich durch den Verzehr von Stoffen aus meiner

Umgebung aufnehme. Fast alles, was ich esse, ist anderes Leben, ob pflanzlich oder tierisch: alles fließt ständig ineinander und ich bin Teil dieses großen Lebensflusses.

Ähnliches gilt für den Wasserkreislauf: ich nehme fortwährend Flüssigkeit auf und scheide fortwährend Flüssigkeit aus, und diese Flüssigkeit macht mehr als die Hälfte meines Körpervolumens und meines Gewichts aus (die Zahlen variieren zwischen 50% und 75%). Dieses Wasser ist nicht nur Polsterung: als Zellflüssigkeit spielt es eine wichtige Rolle bei der Informationsübertragung zwischen Zellen und Organen. Ich bin aber kein geschlossenes System. Es wäre spannend (wenn es möglich wäre), der Spur eines Wassermoleküls zu folgen, wie es beispielsweise durch ein Glas Wasser zu mir gelangt, und dann auch, nachdem es mich wieder durch einen Schweißtropfen verlassen hat. Es bleibt Teil der Welt und von diesem Molekül aus gesehen bin ich als Mensch ein riesiges poröses System.

Von der Luftzirkulation lässt sich das Gleiche sagen: Man atmet lebenslang ein und aus und die Luft, mit der man sich mit Sauerstoff versorgt, teilt man mit allem, was lebt. Luft, die in meine Lungen gelangt, wurde bereits millionenfach von Pflanzen, Menschen und Tieren ein- und ausgeatmet und jeder Atemzug nimmt ihr etwas weg und/oder fügt ihr etwas hinzu. Ich kann mich nicht weigern, Luft einzuatmen, die zuvor von meinen politischen Gegnern verwendet wurde oder die durch die Lungen von Kröten gegangen ist.

Was ich damit aussagen möchte: Keiner von uns ist unverbunden. Man ist ein Teilnehmer am Leben, verwoben in einem komplexen Kreislauf und eng mit aller übrigen Materie verbunden. Auch wenn Sie nirgendwo hingehen und keine Besucher empfangen, nehmen Sie voll und ganz an einem riesigen Austauschprogramm teil, einem großen Kreislaufgeschehen.

Und noch so was ähnliches: als Individuum ist man bei weitem kein Einzelgänger. Ohne mein Mikrobiom könnte ich nicht am Leben bleiben: die Milliarden einzelliger Lebensformen, die meine Mundhöhle, Speiseröhre, meinen Magen und Darmtrakt bevölkern. Schätzungen zufolge gibt es pro Person gut tausend verschiedene Bakterienarten, die eine wesentliche Rolle im Stoffwechsel spielen. Die Aufnahme aller Arten lebenswichtiger Baustoffe in unseren Körper ist ohne die Vermittlung dieser riesigen Armee von Mikroorganismen, von denen jeder seine eigene Spezialität hat, undenkbar. Sie haben normalerweise eine sehr kurze Lebensdauer, vermehren sich aber schnell – im Durchschnitt haben wir etwa eineinhalb Kilo dieser Lebensformen in unserem Verdauungssystem. In den letzten Jahrzehnten wurde in der Forschung immer deutlicher, dass diese Milliarden von Bakterien nicht nur die Verdauung regulieren, sondern auch maßgeblich unser Wohlbefinden bestimmen: Sie sind Teil unserer Individualität und gleichzeitig eigenständige Lebensformen. Bei der Liedzeile *You never walk alone* denke ich immer an diese Mitgeschöpfe in meinem Darm. Ohne diese Milliarden Mitbewohner wäre ich nicht der, der ich bin.

Ich finde es einen tröstlichen Gedanken, so eng mit den großen Kreisläufen alles Lebendigen verflochten zu sein. Ich bin keineswegs ein isoliertes Wesen. Schon als Kind hatte ich in der Natur manchmal das Gefühl, völlig in das große Ganze einbezogen zu sein: eine Erfahrung der Einheit und tiefen Verbundenheit, die mir manchmal mehr Sicherheit bot als der Kontakt mit Mitmenschen, der stark von Erwartungen und Urteilen bestimmt war.

3. Verbunden mit dem Himmel

Die Realität hat nicht nur einen materiellen Aspekt (d. h. die im vorherigen Absatz besprochene physische Welt), sondern auch eine immaterielle Seite. Das ist der Aspekt des Geistes, des Bewusstseins, des Immateriellen. Vielleicht ist es etwas irreführend, ihn als „Himmel" zu bezeichnen, weil man schnell an „die andere Seite", das Übernatürliche denkt. Ich bin überzeugt, dass es nur eine Realität gibt. Meiner Meinung nach gibt es keine Trennung zwischen dem Materiellen und dem Geistigen, zwischen Himmel und Erde, zwischen dieser und jener Seite, zwischen der Realität Gottes und der unserer Welt. Auch hier ist meiner Meinung nach alles mit allem verbunden.

Ich werde später versuchen, etwas über Gott zu sagen. Ich denke, dass man über die gesamte Realität sprechen kann, ohne das Wort „Gott" zu verwenden, und dass gleichzeitig nichts ohne Gott existiert. Aber dazu später.

Es ist meine lebenslange Erfahrung, dass wir im Bewusstsein (im Geist) miteinander und mit allem, was „bewusst" ist, verbunden sind. Die westliche wissenschaftliche Tradition des 20. Jahrhunderts ging davon aus, dass Bewusstsein ein Phänomen ist, das aus der Aktivität des Gehirns entsteht, und dass jedes Individuum daher über ein eigenes Bewusstsein verfügt, das nur durch sensorische Kommunikation mit anderen bewussten Wesen in Kontakt treten kann. Diese Sichtweise wird das wissenschaftliche Denken noch lange prägen, auch wenn es in der Bewusstseinsforschung in den letzten Jahrzehnten andere Stimmen gibt. Mittlerweile entspricht die Erfahrung vieler Menschen nicht dieser Vision der westlichen Wissenschaft: Es gibt viele Verbindungen zwischen Lebewesen, die dem Sinneskontakt vorausgehen oder darüber hinausgehen. Manchmal besteht im Bewusstsein ein tiefer Kontakt mit einer bestimmten Person oder einem Haustier – manchmal kann man sich gegenseitig aus der Ferne auf sich aufmerksam machen – aber was ich wichtiger finde, ist, dass wir im Bewusstsein oder „im Geist" tief mit allem verbunden sind, was existiert. Wenn du dich dieser Wirklichkeit anvertraust, wirst du „im Geiste" getragen von den Mitmenschen, von allem Lebendigen, von aller Realität, von Gott. Das habe ich auch erlebt, als ich krank war. Ich fühlte mich von Himmel und Erde aufgenommen und getragen, meine Endlichkeit war eingebettet in das Unendliche und so war es gut.

Diese Überlegungen werfen durchaus Fragen auf: zum Beispiel nach Gut und Böse und nach dem Verhältnis meiner Endlichkeit zum Unendlichen. Auf diese Fragen werde ich später eingehen.

Für die Verbindung mit Erde und Himmel, wie ich sie bisher beschrieben habe, sind Mitmenschen nicht zwangsläufig vorausgesetzt. Vielleicht hat das in meinem Fall damit zu tun, dass ich relativ isoliert in einer ultraorthodoxen protestantischen Familie aufgewachsen bin. Während meiner Kindheit zogen wir regelmäßig um, als mein Vater woanders bessere Arbeit fand. Wir waren nie in einem Dorf- oder Stadtviertel verwurzelt, wir hatten keinen Bekanntenkreis, die Familie wohnte weit weg und die familiären Bindungen waren nicht eng. Auch zu Hause herrschte Distanz: Umarmungen und Küsse gab es nicht, körperliche Nähe gehörte nicht dazu. Zwar wurde geredet, aber dabei gab es viel Urteil: viele Menschen und Dinge um uns herum waren falsch oder dumm, sogar die wenigen Verwandten, die wir manchmal besuchten. Viel später wurde mir klar, dass meine Eltern ein ängstliches Leben führten, aus Furcht vor dem

Urteil Gottes. Mit ihren eigenen Urteilen hielten sie die böse Außenwelt in Schach. Sie fanden Sicherheit in der Natur, die ein urteilsfreier Raum war, in dem man sich frei verwundern konnte. Diese Liebe und Aufmerksamkeit für die Natur, für Wildschweine und Spinnen sowie Pflanzen und Pilze, war in gewisser Weise meine Rettung. Ich werde meinen Eltern immer dankbar sein, dass sie mir das gegeben haben.

Zwischen Tieren und Pflanzen und entlang der Grabenufer fühlte ich mich verbunden. Mit endloser Geduld lag ich auf dem Bauch im Ufergras, den Blick knapp über der Wasseroberfläche haltend, und versuchte, einer Wasserspinne zu folgen, die kam, um kleine Luftblasen von der Wasseroberfläche zu sammeln und in die Tiefe zu tragen; bald kannte ich die verschiedenen Arten von Wasserwanzen. Im Winter stand ich im Park still auf einem verlassenen Fussweg, bis die Vögel und Eichhörnchen die Nüsse aus meinen Haaren und von meinen Schultern und Händen fraßen. Dann erlebte ich, dass ich sein durfte, dass diese Kohlmeisen und Finken mich akzeptierten und in ihre Welt ließen. Ich habe es als einen tiefen Kontakt erlebt, nicht mit einzelnen Lebewesen, sondern mit dem Leben als etwas Umfassendem, an dem diese Tiere und ich gemeinsam teil hatten.

Vielleicht hat die relativ isolierte Lebenssituation dazu geführt, dass ich schon als Kind Erfahrungen mit außersinnlichen Kontakten mit Tieren und bestimmten Menschen gemacht habe. Nicht in spektakulärem Ausmaß, aber dennoch: dass man Gedanken manchmal ohne Worte oder Gesten mitteilte, genau wusste, was jemand anderes einen Moment später sagen oder tun würde, dass man durch gedankliche Kontaktaufnahme die scharfe Aufmerksamkeit einer Kohlmeise oder einer Katze auf sich ziehen konnte. Auch als Erwachsener hatte ich gelegentlich wilde Vögel auf meinen Händen. Katzen, deren Besitzer sagen, dass sie sich von Gästen fernhalten, kommen auf meinen Schoß, wenn ich im Geiste ein Date mit ihnen verabrede. Ich erlebe dies nicht als einen Trick, den ich vorführe, sondern als eine Gnade: Mir wird Verbindung geschenkt.

Nur selten hatte ich mit bestimmten Menschen sehr expliziten telepathischen Kontakt: dass man sich auf unbekanntem Terrain treffen muss und dass ich genau wisse, wo der andere sich befinde, mit dem Gefühl völligen Kontakts. Man geht aufeinander zu und ich sage: Sieh mal, es stimmt also – und der andere antwortet: Ja, natürlich, das wussten Sie doch, oder? In meiner Arbeit kommt es gelegentlich vor, dass mich jemand „ruft", dass ich das Gefühl habe, dass ich jetzt jemanden anrufen muss, ohne zu wissen warum, und dass die andere Person tatsächlich dabei war, mich zu kontaktieren, sich aber nicht getraut hat oder meine Nummer nicht finden konnte.

Direkter Kontakt „im Kopf", im Bewusstsein als gemeinsamer *Cloud*, in der sozusagen jeder seinen eigenen Ordner hat, in der es aber auch viel gemeinsamen Raum gibt – ich denke, das ist die Grundlage für jeden echten Kontakt, auch wenn Augen und Ohren ganz normal ihre Arbeit machen. Wenn wir uns in einem guten Gespräch einander öffnen, geben wir nicht nur durch Worte, Blicke und Gesten Zugang, sondern auch ganz direkt durch einen mentalen Raum, in den wir uns gegenseitig hineinlassen. Manchmal weiß man genau, was die andere Person sagen wird, und manchmal weiß ich nicht, ob ich die Worte der anderen Person nur vorhergesehen habe, oder ob ich im Geiste die Worte angegeben habe, nach denen die andere Person gesucht hat.

Wenn dieser gemeinsame Raum respektvoll geteilt wird, ist er meiner Erfahrung nach Gottes Raum. Die Verbindung ist dann „mit dem Himmel" ebenso stark wie „mit der Erde". Zusammen ist es ein und dieselbe Realität.

4. Niemals allein

In meiner Arbeit begegne ich regelmäßig Menschen, die sich weder verbunden noch unterstützt fühlen. Menschen, die Angst oder Stress haben, Menschen, die sich missverstanden oder ausgeschlossen fühlen. Es ist, als ob Himmel und Erde nicht ihre Verbündeten wären: In ihrer eigenen Erfahrung sind sie auf sich allein gestellt.

Diesen Menschen möchte ich sagen: Ihr irrt! Du bist Teil des großen Ganzen, du bist von allen Seiten in das große Netzwerk von allem, was ist, verwoben, du kannst nicht einmal von den Elementen getrennt sein, die dich nähren und unterstützen und du kannst nicht von Gott getrennt sein. Es kann sein, dass du die Verbindung nicht erleben kannst, dass du sozusagen keinen Kontakt herstellen kannst mit dem, was dich trägt. An der Tatsache selbst ändert das aber nichts: Du bist mit Himmel und Erde verbunden.

Was macht dann, dass Menschen den Zusammenhang, der eine Tatsache ist, nicht erfahren können? Mir fallen einige Ursachen ein. Zunächst einmal hat uns die westliche Zivilisation in den letzten Jahrhunderten immer wieder beigebracht, dass wir Individuen sind, jeder eine Einzelperson für sich. Das hat uns viel gegeben: Freiheit, Grundrechte, Autonomie – aber es hat uns auch etwas genommen, nämlich das Gefühl der Verbundenheit mit allem und jedem um uns herum. Wir tun so, als wären wir nicht mehr Teil der Natur (weil die Natur irgendwo da draußen ist, wo der Wald beginnt) und nicht mehr Teil eines Stammes oder einer Herde (weil wir unseren Bekanntenkreis in *social media* verwalten). So kann es passieren, dass gerade in den bevölkerungsreichsten Teilen der Welt das Erleben der Einsamkeit am größten ist.

Ich denke, mit einer anderen Ursache der „Unverbundenheit" hat jedermann Erfahrung. Es gibt immer Momente, in denen man sich sozusagen in sich selbst verschließt, weil man in die Abwehr gerät und sich wehrt. Das passiert mir, wenn mir Unrecht getan wird, wenn ich mich als Opfer von etwas fühle oder wenn ich mich über etwas aufrege und wütend werde. Oder wenn große Sorgen mich quälen, akuter Geldmangel mich bedrängt oder ich mich in einer gefährlichen Situation in Sicherheit bringen muss. Wenn alles gut geht, kommt nach all solchen Situationen irgendwann der Moment, an dem ich mich beruhige und meine Situation relativieren kann. Oder es gibt Menschen um mich herum, die sagen: Beruhige dich, wir sind für dich da.

Man kann sich mit einer mittelalterlichen Stadt vergleichen: Wenn Alarm geschlagen wird, werden die Tore geschlossen und die Brücken hochgezogen. Dann ist man „auf sich selbst zurückgeworfen“, in sich selbst eingesperrt. Das ist kein Problem, solange sich irgendwann die Tore wieder öffnen und das Leben wieder ungehindert ein- und ausströmen kann. Denn diese freie Bewegung ist unser Glück, der Fluss, der das Leben lebenswert macht.

Wenn die Tore geöffnet sind, ist man auch verwundbar. Das ist Teil der großen Verbundenheit. Es können mir schlimme Dinge passieren. Ich kann schwer erkranken, wie es mir tatsächlich passierte oder jemand kann meine Verletzlichkeit ausnutzen. Besonders wenn einem Letzteres passiert, kann es schwierig sein, wieder genug Selbstvertrauen zu gewinnen, um sich erneut zu öffnen. Dennoch ist es wichtig, dass es dazu kommt, denn wer die Tore verschlossen hält, schließt nicht nur das Böse aus, sondern auch die Hilfstruppen und alles Gute.

Die Verbundenheit mit allem ist auch Verbindung mit Gott, der Quelle und tragenden Kraft von allem. Als mir klar wurde, dass die Möglichkeit bestand, dass ich an meiner Krankheit sterben würde, wusste ich auch, dass meine Verbindung zu Gott über den Tod hinausgeht. Daher konnte ich denken: es ist besser, mit Gott (und all den Hilfstruppen und freundlichen Menschen) verletzlich zu sein, als unverwundbar und ganz alleine.

5. Ego

Als Baby und Kleinkind lebst du noch in großer Verbundenheit, natürlich mit deiner Mutter, aber vielleicht auch mit der immateriellen Welt, aus der du kommst. Kleinkinder können manchmal ein seltsam tiefes Wissen haben, bei dem man sich fragt: Woher haben sie das? Als könnten sie hin und wieder auf ein Reservoir kollektiver Erfahrung zurückgreifen. Manchmal ist es so, als könnten sie deine Gedanken einfach lesen, weil sie noch völlig offen sind.

Als mein Sohn gerade fünf geworden war, erzählte er mir während einer Bergwanderung, dass es nicht so schlimm sei zu sterben. Er sagte es in einem Tonfall, als wolle er mich ermutigen, so dass ich keine Angst vor dem Tod habe. Er sagte, er wisse, wie es sei und dass es nicht so schlimm sei, ich sollte mir keine Sorgen machen. Es klang alles so natürlich, er war so einfach zuversichtlich und sicher, dass ich den starken

Eindruck hatte, dass er aus tiefem Wissen und nicht aus seiner Fantasie schöpfte.

Irgendwann im Übergang vom Kleinkindalter zum Vorschulalter wird im Kind das Ego angelegt. Die Zeit, in der es weit geöffnet war, liegt hinter ihm, die Tore sind sozusagen geschlossen. Das Kind fängt an, „Ich“ zu sagen und „Nein“ zu schreien, deutlich zu machen, was es will und was nicht. Das ist eine sehr wichtige Entwicklung: Die eigene Person trennt sich viel stärker vom Kollektiv als bisher. Der Grundstein für das individuelle Lebensprojekt wird gelegt. Eltern haben oft Schwierigkeiten mit dem wütenden Kleinkind, das plötzlich einen starken Willen entwickelt. Doch wer diese Phase als Kind nicht vollständig erlebt, wird später Schwierigkeiten haben, für sich selbst einzustehen und eigene Pläne zu schmieden. Das Ego ist die Grundlage, auf der man sein eigenes Leben führen kann. So wird man eigenständig und profiliert sich selbst, anstatt mit dem großen Ganzen zu verschwimmen.

Das bedeutet auch, dass die Entwicklung des Egos eine Abkehr von der Verbundenheit ist. Im Jugendalter nimmt diese Entwicklung mitunter scharfe Kanten an: Man trennt sich explizit von den Eltern und deren Generation, man möchte nicht länger unkritischer Teil des selbstverständlichen Ganzen aus Familie, Schule, Gesellschaft oder Kirche sein. Die Verbindung zu Himmel und Erde ist nicht zerbrochen, aber das Ego steht sozusagen mit dem Rücken dazu: Es will für sich allein stehen, unabhängig sein, sich profilieren und als Individuum in der Welt bestehen. Das ist immerhin eine gute Entwicklung in der Entfaltungsphase des Lebens.

Der amerikanische Franziskaner und Meditationslehrer Richard Rohr hat ein wunderschönes Buch über die beiden Lebenshälften geschrieben.[2] Diese Hälften müssen nicht gleich groß sein, da der eine früh mit der zweiten Hälfte beginnt, während der andere ein Leben lang in der ersten Hälfte stecken bleibt. In der ersten Hälfte entfalten wir uns, breiten unsere Flügel aus, nehmen unseren Platz in der Welt ein. Dafür braucht man seine Ego-Stärke und es ist gut, dass man sie nutzt. In der zweiten Hälfte relativiert man die Dinge, die in der ersten Hälfte viel Platz eingenommen haben: Ego, Karriere, Erfolg, Besitztümer. In der ersten Hälfte will man groß werden, in der zweiten Hälfte will man weise werden – und so ist es in Ordnung. Richard Rohr weist darauf hin, dass der Markt

---

(Werbung) in der westlichen Welt hauptsächlich darauf abzielt, uns alle bis zum bitteren Ende in der ersten Lebenshälfte festzuhalten. Uns wird gesagt, wir sollten auch noch in hohem Alter die Möglichkeiten des Lebens maximal ausnutzen. Bis zum letzten Atemzug sollten wir konsumieren, die Welt erobern, unseren Reichtum vermehren. Um dies zu erreichen, müssen wir lebenslang von der Kraft unseres Egos leben und der großen Verbindung lebenslang den Rücken kehren.

Unverbundenheit ist daher auch bei älteren Menschen ein weit verbreitetes Problem. Wir nennen es Einsamkeit und halten es für Schicksal, dummes Unglück: zu wenig Freunde, zu wenig Pflegepersonal, zu wenig Mitmenschen, die sich Zeit für einen nehmen. Aber vielleicht liegt es vor allem daran, dass wir zu wenig auf den Eintritt in die zweite Lebenshälfte vorbereitet wurden, in der das Ego an Stärke verlieren darf und wir uns wieder stärker bewusst werden, dass wir in die große Verbundenheit eingebettet sind. Auch wenn niemand Zeit für mich hat, kann ich mir die Zeit nehmen, zu erkennen, dass ich Teil eines großen und lebendigen Ganzen bin. Anstatt die Zeit mit möglichst vielen Ablenkungen zu verbringen, könnte ich zu der gelebten Erkenntnis gelangen, dass ich sterblich bin, meine

Endlichkeit aber im Unendlichen, in Gott, ruht. Dabei kann Meditation helfen, oder auch einfach: atmen mit ruhiger Aufmerksamkeit und erkennen, dass man lebt. Ich kann das machen im Wartezimmer oder im Kino vor Anfang eines Films oder wenn ich an der Bushaltestelle warte. So macht man die Wartezeit zu einem kostbaren Moment, zu Lebenszeit.

Die Todesangst meiner ersten Lebenshälfte habe ich noch scharf in der Erinnerung. Ich hasste die Idee, dass ich eines Tages nicht mehr da sein würde. Was hat die ganze Welt noch für einen Sinn, wenn ich tot bin, wenn alles, was ich jetzt entwickle, wieder verschwunden sein wird? Selbst wenn ich etwas Schönes hinterlassen hätte (eine Erfindung, ein Regal voller veröffentlichter Bücher), was wäre es wert, wenn ich nicht mehr da wäre, um es zu genießen? Ich wollte ewig leben, unauslöschlich sein.

In welchem Moment hat meine zweite Lebenshälfte angefangen? Ich habe keine Ahnung, aber Tatsache ist, dass ich mich allmählich an die Vorstellung meiner Vergänglichkeit gewöhnt habe und dass das Bedürfnis, mich in der Welt breit zu machen, langsam nachgelassen hat. Damals hatte ich den Drang zu messen, wie viele Meter Bücher ich in meinem Bücherregal hatte: Meine Hausbibliothek sollte möglichst umfassend sein. Bücher liebe ich zwar immer noch, aber wenn ich sie gelesen habe, verkaufe ich sie gerne über einen Online-Buchladen –

nicht um damit reich zu werden, sondern um sicherzustellen, dass sie einer nach dem anderen bei den Leuten landen, die nach ihnen suchen. In den ersten Jahren des Internets habe ich gezählt, wie viele Treffer mein Name bei einer Online-Suche erzielte: Bin ich wichtig, werde ich gesehen, kursiert mein Name ausreichend in der Welt? Das ist typisch für die erste Lebenshälfte. Es ist wunderbar, mit einem Lächeln daran zurückdenken zu können.

Selbsterhaltung ist ein wichtiger Aspekt der ersten Lebenshälfte. Es ist der Versuch, um unabhängig von der großen Verbundenheit, sozusagen abgespalten vom großen Ganzen, eine eigene Existenz zu haben. Wie gesagt: In der Entfaltungsphase unseres Lebens ist dies funktional und gehört es einfach dazu. Es ist wichtig, nicht eingefangen zu bleiben in der Kontrolle und dem Willen anderer Menschen. Wenn man dann später das Leben in der großen Verbundenheit neu erlernt, tut man dies in Freiheit, als bewusste Entscheidung, diese Verbundenheit zu genießen.

Die Weigerung, die erste Lebenshälfte zu verlassen, spiegelt sich auch in dem in unserer Gesellschaft weit verbreiteten Wunsch wider, „so lange wie möglich unabhängig zu bleiben". Wir alle möchten Anderen helfen, aber selbst um

Hilfe zu bitten und Hilfe zu bekommen, fällt uns schwer. Inzwischen ist Unabhängigkeit natürlich eine Fiktion: Jeder braucht unzählige Mitmenschen, um den Alltag leben zu können. Beispielsweise produzieren nur wenige Menschen ihr eigenes Toilettenpapier oder stellen ihre eigenen Süßigkeiten her, schweißen ihre eigenen Fahrräder, bauen ihre eigenen Autos oder reinigen ihr eigenes Trinkwasser. Ganze Armeen von Menschen machen unser tägliches Leben möglich, wir sind so abhängig voneinander wie nur möglich und das ist ganz in Ordnung. Auch in dieser Hinsicht leben wir faktisch in großer Verbundenheit, wir entscheiden uns aber dafür, es nicht so zu erleben: Solange wir zum Beispiel dafür bezahlen, denken wir, dass wir es selbst in der Hand haben. Vielleicht ist es eine schöne Übung für die zweite Lebenshälfte (mit der man auch schon mit 30 anfangen kann), in allen gewöhnlichen Dingen meine Abhängigkeit zu erkennen und Freude daran zu haben: Schau mal, wie ich eingeflochten bin in ein Netzwerk, das mich trägt und zu dem ich auch beitrage!

Ja, ein Netzwerk. In der ersten Lebenshälfte haben wir gerne ein großes Netzwerk, nicht aber, um darin Ruhe und Hingabe zu finden. In meiner expansiven Lebensphase ist ein Netzwerk etwas, das ich „haben“ muss. Es ist dann ein Indikator für meinen Erfolg oder meinen Einfluss, ein Heiligenschein um mein Ego und darüber hinaus ist es „nutzbar“. Websites für geschäftliche Netzwerke bombardieren uns mit E-Mails, die besagen, dass wir unser Netzwerk viel effizienter nutzen können. Das ist etwas ganz anderes, als dankbar und erstaunt darüber zu sein, dass so viele Mitmenschen einem das Leben ermöglichen und einem Sicherheit geben.

Ein Ego, das sich breit macht, nimmt Raum ein, oft auf Kosten anderer Egos. Dann ist von kollidierenden Egos und Rivalität die Rede. In der Phase, in der ich meinen Platz in der Welt noch entdecken und einnehmen muss, ist das nichts Schlimmes. Aber einmal muss es reichen. Egos in der Entwicklung bewaffnen sich: Manche suchen den Angriff und nehmen so viel Raum wie möglich ein. Andere (vielleicht die Mehrheit) sind hauptsächlich defensiv und errichten Mauern, um unnötige Verletzungen zu vermeiden. Wenn wir die zweite Lebenshälfte nicht erreichen, bleiben wir zwischen den Mauern dieses defensiven Egos stecken. Dann trauen wir uns weder, verletzlich und abhängig zu werden, noch Hilfe und Mitgefühl anzunehmen.

Ich musste krank werden, um zu entdecken, wie gut es ist, in der Fürsorge meiner Mitmenschen

ruhen zu können: Familie, Freunde, Kranken-
hauspersonal. Menschen beschweren sich oft
darüber, dass diese Fürsorge schwindet, aber
vielleicht schwindet auch unsere Bereitschaft,
die Fürsorge anderer Menschen zuzulassen. Im
Krankenhaus war ich tief beeindruckt, nicht nur
von den medizinischen Kenntnissen und Fähig-
keiten, denen ich es verdanke, dass ich immer
noch da bin, sondern mehr noch von der Herz-
lichkeit und dem Engagement vieler Menschen,
die dort arbeiten. Die meisten Menschen sind
„Im Grunde gut", wie der Buchtitel eines Best-
sellers von Rutger Bregman lautet.[3] Wenn Menschen sagen: „Man kann heutzutage niemandem
mehr trauen", sprechen sie von ihrer eigenen
Ohnmacht – und die macht sie einsam.

---

[3] Rowohlt 2021

6. Gut und Böse

Ein guter Bekannter meinte kürzlich: „Du bist ja sehr positiv." Für mich klang es wie „zu positiv" – als ob ich die Welt zu rosig sehe. „Das Böse ist auch immer noch da, unterschätze das nicht."

Nach dem, was ich bisher gesagt habe, ist alles verbunden zu einem großen Ganzen, das in der Summe gut ist. Wie gebe ich da der Erfahrung einen Platz, dass es auch Böses gibt? Trivialisiere ich nicht das Böse, indem ich so viel Vertrauen in die große und gute Verbundenheit setze, deren Quelle oder strahlendes Zentrum Gott ist? Wenn letztendlich alles Liebe und Frieden ist, wo ist dann der Platz für Hass, Böses, Spaltung und Streit?

„Das Böse" kann man auf zwei Arten auffassen. Da gibt es alles, was einem passieren kann, wie im bekannten Buchtitel „Wenn guten

Menschen Böses widerfährt".[4] Mit „das Böse" meinen wir dann die *bad things*, die schrecklich sein können, aber es gibt sie nun einmal (es sei denn, man glaubt, dass es einem von Gott oder einer bösen Macht angetan wurde). Aber neben diesen *bad things*, die einem passieren können, gibt es auch *evil*: das absichtliche Böse, das gezielt getan wird.

Wenn eine Amsel einen Wurm frisst, hat der Wurm großes Pech, man kann aber nicht sagen, dass die Amsel böswillig oder bösartig ist. Ich werde versuchen, im Kapitel „Essen und Gefressenwerden" mehr dazu zu sagen. Hier möchte ich über das absichtliche Böse sprechen, hinter dem ein Wille oder Unwille steckt.

In der christlichen Gemeinschaft, in der ich aufgewachsen bin, wurde die Welt als eine Arena angesehen, in der gute und böse Kräfte einander gegenüberstehen: Gott und der Teufel. Bei allem muss man sich fragen, ob es „von Gott" oder „vom Teufel" sei, denn man kann sich leicht irren. Der Teufel ist listig und Gottes Wege sind unergründlich; daher ist nicht alles so, wie es scheint. Beide Mächte, Gott und der Teufel, versuchen den Menschen in ihre Macht zu bringen. Wesentlich ist es daher, nicht in die

---

falschen Hände zu geraten. Letztendlich wird Gott den Teufel besiegen, aber wirst du dich dann auf der richtigen Seite befinden? In meinen Teenagerjahren hörte ich diese Frage in vielen Sonntagspredigten.

Meiner Meinung nach wird diese dualistische Sichtweise, in der das Böse und das Gute zwei konkurrierende Welten bilden, der Realität nicht gerecht. Darüber hinaus fördert sie automatisch eine starke „Wir/sie"-Mentalität: Man steht entweder auf der richtigen oder auf der falschen Seite, man gehört Gott oder dem Teufel. Andere Menschen und andere religiöse Traditionen werden dann leicht der falschen Partei zugeordnet. Ein großer Teil der Menschheit ist dann von der guten Verbundenheit ausgeschlossen.

Ich glaube aber, dass das Böse alles mit Unverbundenheit zu tun hat, mit Selbsterhaltung die der Verbundenheit schadet. Die Existenz jedes Wesens balanciert zwischen Getrenntheit („sich selbst sein") und Verbundenheit: Einerseits unterscheidet man sich von allem anderen, andererseits ist man auf tausend Arten mit allem verbunden. Man ist Teil des großen Ganzen, aber ein separater Teil mit einem eigenen Lebensprojekt. Wenn dieses Lebensprojekt so isoliert wird, dass die Verbundenheit zerbrochen wird, wenn man die eigene Existenz aufrechterhält und wissentlich auf Kosten des größeren Ganzen weitermacht, dann ist das Böse eingetreten.

Ich denke hier an den alten Mythos über die „gefallenen Engel": Wesen, die sich von der großen Einheit lösten, indem sie für sich selbst stehen wollten („ihr eigenes Unternehmen gründeten"), indem sie den Zusammenhang und die Wechselbeziehung mit allem anderen leugneten. Sie stehen der ganzen übrigen Realität gegenüber und treten mit ihr in den Kampf. Ihr Anführer Luzifer wird in der christlichen Tradition oft mit dem Teufel gleichgesetzt. Dann wird, wie ich bereits beschrieben habe, die Trennung zwischen Gut und Böse sehr definitiv gemacht, als ob es sich um zwei vollständige Welten handeln würde.

Ohne das Böse unterschätzen zu wollen, halte ich es für ein relatives (nicht absolutes) Phänomen. Das Böse ist das, was sich auf Kosten anderer verselbstständigt. Wenn ich versuche, mich selbst um jeden Preis zu erhalten, selbst wenn alles um mich herum zerstört wird, dann bin ich zu einer bösen Macht geworden. Aber das Böse kann auf seinem Weg umkehren und sich wieder der großen Solidarität anschließen. Man kann sich bekehren, um den religiösen Begriff zu verwenden. Das Böse ist relativ und endlich, das Gute ist absolut und unendlich.

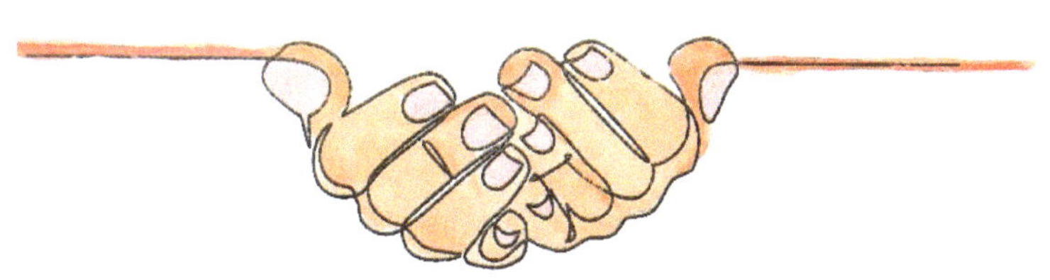

7. Essen und gegessen werden

Fast alles, was wir essen, hat gelebt. Essen ist eine der Arten, wie alle Lebewesen in einem unaufhörlichen Stoffwechselfluss ineinander fließen. Die Baumaterialien fließen von Organismus zu Organismus in einer großen, lebendigen Bewegung des Essens und Gegessenwerdens. Auch so ist alles verbunden.

Es ist nicht leicht, darüber frei nachzudenken, denn die Verbundenheit durch die Nahrungskette kommt uns nicht sympathisch vor. In der Tierwelt ist es die Beziehung zwischen Raubtier und Beute, und diese Begriffe allein suggerieren eher Feindschaft als Verbindung. Aber es gilt nicht nur für Tiere: Auch Pflanzen, Pilze und Bakterien sind Lebewesen, die in diesem großen Kreislauf überleben oder sterben. Was gegessen wird, stirbt als Lebensform, obwohl alle Stoffe weiterhin neue organische Verbindungen bilden.

Die einzige Möglichkeit, als Mensch korrekt damit umzugehen, besteht meiner Meinung nach darin, mit Respekt und Dankbarkeit zu essen. Mit anderen Worten: indem ich alles, was ich esse, mit dankbarer Aufmerksamkeit segne. Dazu gehört, mit Lebensmitteln respektvoll umzugehen und sie sich gut schmecken zu lassen. Andere Lebensformen, ob Pflanzen oder Tiere, werden geopfert, um mich als Lebensform zu erhalten. In dankbarer Anerkennung dieses Opfers kann ich die große Verbundenheit weiterhin erleben.

Der amerikanische Investigativjournalist Michael Pollan schreibt am Ende eines spannenden Buches über Essen[5] dass er als säkularer Jude seine eigene Form des Tischsegens (oder Tischgebets) gefunden hat, indem er zu Beginn der Mahlzeit alle Zutaten mit sorgfältiger und dankbarer Aufmerksamkeit benennt, als Pflanzen und/oder Tiere, die gelebt haben und nun ihre Lebenskraft an ihn weitergeben. Sein Buch ist auch ein Plädoyer für eine achtsame und respektvolle Land- und Viehwirtschaft und gegen die dumme Rücksichtslosigkeit der Lebensmittelindustrie.

---

[5] *The Omnivore's Dilemma,* Penguin 2006.

Ich respektiere Vegetarismus und Veganismus und glaube, dass der Fleischkonsum in den reicheren Teilen der Welt drastisch reduziert werden sollte. Die menschliche Dimension sollte bei der Schlachtung wiederhergestellt werden, und diejenigen, die Fleisch essen, sollten stärker dabei einbezogen werden, damit wir uns bewusster werden, dass für unseres Fortleben anderes Leben genommen wird. Michael Pollan schreibt in dem erwähnten Buch über einen Biobauern, bei dem man Hühnerfleisch nur kaufen kann, wenn man bei der Tötung des Tieres dabei ist – denn sonst wäre es nicht fair.

Ich selbst bin bewusst kein Vegetarier. Sie finden es vielleicht seltsam, aber ich betrachte Pflanzen auch als Mitgeschöpfe, als Lebewesen mit Empfindungen oder wie es auf Englisch so schön heißt: *sentient beings*. Pflanzen leben und sterben auch, Gemüse ist auch Leben, das für mein Überleben geopfert wird. Ich mache zwar keine Zeremonie, indem ich eine Kartoffel schäle oder einen Lauch schneide, aber ich betrachte das Gemüse mit Bewunderung und bereite es mit Respekt und Dankbarkeit zu.

Kein Lebewesen mag es, gegessen zu werden. Wenn ich einer Spitzmaus auf der Suche nach Insekten im Gras folge, ist es schrecklich, wenn plötzlich ein Turmfalke die Spitzmaus schlägt.

Hätte ich den Greifvogel aber früher in der Luft verfolgt, hätte ich den Fang der Spitzmaus als Erfolg bejubelt – und dann gibt es auch noch die Insekten, deren Jungen (die Larven) im Magen der Spitzmaus landeten, obwohl auch sie lieber weiter gelebt hätten. Dennoch ist dies eine der Funktionsweisen des Lebensstroms der Natur. Auch das gehört zur großen Verbundenheit.

Ich selbst wäre beinahe einem Bakterium zum Opfer gefallen, oder besser gesagt: einer Bakterienkolonie, die sich auf einer weniger gut funktionierenden Herzklappe angesiedelt hatte. Auch das war eine Form des „Gegessenwerdens" und ich bin froh, dass ich ihr noch rechtzeitig entkommen bin. Gleichzeitig halte ich es für wichtig zu akzeptieren, dass so etwas Teil der Realität ist. Das Bakterium ist das Raubtier, dem ich entkommen bin, aber es ist nicht der Feind.

8. Krankheit

Vor Jahren war ich Pfarrer in einer Kirche in Rotterdam. Eines Tages traf ich im Kirchengebäude einen älteren Mann, der etwas unbeholfen ging. Als ich fragte, was los sei, antwortete er: „Dieses Scheißbein macht nicht, was ich will!“ Nun, bei Rotterdamern kann man nie sicher sein: Das Wort „Scheißbein“ könnte auch liebevoll gemeint sein. Aber in diesen Jahren fiel mir auf, dass ältere Menschen oft auf diese Weise über ihren eigenen Körper sprachen. Allein die Wortwahl macht aus dem gequälten Bein einen Gegner, während es ein Körperteil ist, das schon ein Leben lang schwer für einen arbeitet. Es gibt allen Grund, ein solches Bein mit Dankbarkeit und Zärtlichkeit zu behandeln, es zu schonen, aber vor allem: mit ihm solidarisch zu bleiben. Wenn ich ein Bein „das nicht macht, was ich will“ auf die andere Seite der Front stelle, bin ich mit mir selbst gespalten. Das ist schlecht für das Bein und für den Rest meines Systems. Kranke Teile meines Selbst brauchen Pflege und liebevolle Aufmerksamkeit. Mit Ablehnung und Abneigung mache ich alles nur noch schlimmer.

Mir fällt auch auf, dass wir es in unserer Gesellschaft gewohnt sind, über schwere Krankheiten zu reden, als wären sie Feinde – als ob sie im Grunde nichts mit uns selbst zu tun hätten. Diese Krankheiten müssen aus der Welt geschafft werden, sagen die Kampagnen, die Geld für die medizinische Forschung sammeln. Das hört sich für mich so an, als ob wir, die ohnehin schon relativ privilegierte und gut geschützte Weltbürger sind, nicht von allen möglichen Beschwerden gestört werden wollen – wobei ein Teil dieser Beschwerden doch eigentlich zusammenhängen mit unserem Lebensstil und der Menge an Stress, die diese Lebensweise mit sich bringt - und dann gibt es auch noch so etwas wie unsere Sterblichkeit. Natürlich möchten wir alle lieber gesund als krank sein, aber ein Leben ohne Gebrechen gibt es nicht.

Die bakterielle Infektion, die meine Herzklappe befiel, schien etwas mit einem Polypen in meinem Dickdarm zu tun zu haben. Als der Polyp operativ entfernt und kultiviert wurde, stellte sich heraus, dass er Ansätze von Tumorgewebe enthielt. Mir ist klar, dass ich großes Glück habe, dass dieser Krebsausbruch in einem frühen

Stadium erkannt wurde, aber ich weiß jetzt auch, dass Darmkrebs von nun an ein echtes Risiko für mich darstellt.

Dabei ist es für mich wichtig, zu erkennen, dass ein solcher Tumor etwas Eigenes ist: es gehört zu mir selbst. Es kam nicht als Eindringling von außen herein, es ist keine Straßenbombe, die eine feindliche Partei in meinem Haus zurückgelassen hat. Es ist eine Wucherung in meinen eigenen Organen, es sind meine eigenen Zellen, die sich aufgrund von Codefehlern in meinem eigenen System vermehren.

Damit besage ich nicht, dass es meine Schuld ist, schon aber, dass ich es selbst bin. Der Tumor ist kein Unbekannter. Wenn so etwas in meinem Darm wieder zu wachsen beginnt, werde ich alles Mögliche und Vernünftige tun, um es loszuwerden, aber ich möchte nicht in Feinddenken verfallen, denn der Tumor ist wirklich ein Teil von mir. Der betroffene Teil meines Körpers verdient Solidarität und Mitgefühl. Kriegssprache verursacht zusätzlichen Stress, während ich mir von der inneren Ruhe während einer Behandlung oder Kur mehr Nutzen verspreche.

Die medizinische Wissenschaft nennt einen Tumor „bösartig" (oder im Latein der Ärzte: *maligne*). Wir sind so daran gewöhnt, diese Worte zu verwenden, dass wir selten wirklich darüber nachdenken, aber ist natürlich eine Metapher. Die Zellen, die einen Tumor bilden, haben keine bösen Absichten, sie haben keinen bösen Plan, mich zu töten. Eher haben sie sich verirrt, es ist ein Kopierfehler im Spiel, und das ist ernsthaft genug. Mein Gefühl sagt mir, dass ich mich nicht mit Abscheu von dieser Stelle in meinem Körper distanzieren sollte, als wäre sie ein Fremdkörper, sondern eher mit liebevoller Aufmerksamkeit dabei bleiben sollte. Ich möchte gegenüber dem „Katastrophenbereich" in meinem Körper eher eine heilende als eine destruktive Geisteshaltung einnehmen.

Kein Missverständniss: Ich befürworte kein positives Denken *anstatt* medizinische Behandlung. Ich bin froh, in einer Zeit und an einem Ort zu leben, in der die neuesten medizinischen Erkenntnisse und Ressourcen verfügbar sind. Aber ich spüre auch, wie wertvoll innerer Frieden und Verbundenheit sind, wie viel Stress, Schmerz und Qual sie mir ersparen können, gerade auch inmitten all der medizinischen Eingriffe an meinem Körper.

Deshalb würde ich nicht „radeln gegen Krebs", sondern lieber für Ganzheit und Resilienz. Und obwohl ein gesunder Lebensstil keine Garantie dafür ist, nicht krank zu werden, würde es enorme gesundheitliche Vorteile mit sich bringen, wenn wir in unserer Gesellschaft einen gesünderen Konsumstil verfolgen und mit weniger Stress und Unzufriedenheit leben würden.

Kurz gesagt, ich möchte für mehr „Friedensdenken" und weniger „Kriegsdenken" in unserem inneren Umgang mit Krankheit und Sterblichkeit plädieren. Inzwischen bin ich dankbar für die medizinischen Möglichkeiten und Bemühungen, die mich am Leben gehalten haben.

9. Gott

Obwohl ich Theologe bin, weiß ich als Intellektueller und Wissenschaftler nichts mit Sicherheit über „Gott selbst". Die Entität, die wir als „Gott" bezeichnen, entgeht nun einmal jeder Messung oder Beobachtung. Die Naturwissenschaften kommen ohne Gott gut aus, und so auch die abstrakten Welten der Logik und Mathematik.

Als Theologe weiß ich viel über Glauben und religiöse Traditionen, insbesondere über die christliche Tradition, der ich angehöre, und über meinen eigenen Glauben. Ich habe mich aber auch mit anderen Traditionen und Religionen auseinandergesetzt: Die wären mein Umfeld gewesen, wenn ich an einem anderen Ort geboren worden wäre. Als Bibelwissenschaftler kann ich viel über die Bibel als Sammlung literarischer und kultureller Schriften sagen und über dieselbe Bibel als Buch des Glaubens, das auch in meinem eigenen Leben einen wichtigen Platz einnimmt. Ich kann untersuchen, wie verschiedene Bewegungen im Judentum und Christentum ihren eigenen Standpunkt mit den heiligen Texten „beweisen". Natürlich habe ich als Theologe auch andere heilige Texte zur Kenntnis genommen, wenn auch viel weniger gründlich: Ich habe die jüdische Mischna und hier und da den Talmud studiert, niederländische Übersetzungen des Korans gelesen, in der Bhagavad Gita geblättert, im Buch Mormon gestöbert. Ich habe den Atheismus von Bertrand Russell und anderen sowie verschiedene spirituelle Traditionen studiert. Also, beim menschlichen *Reden über Gott* kenne ich mich aus. Aber „Gott selbst"?

Mit „Gott" meine ich die transzendente Instanz oder Essenz in und hinter allem, was ich wissen kann: die Instanz oder Essenz, die das große Ganze zu einem Ganzen macht, die dessen Quelle oder Wesen ist. Aber per Definition kann ich nicht übersehen, was mich völlig übersteigt. Ich kann beschreiben, wie ich es erlebe, wie ich es zu erleben glaube, was ich ihm zuschreibe, wie es mir hilft, in Glauben, Hoffnung und Liebe zu leben – aber ich kann diese Instanz nicht beschreiben. Alles, was in der christlichen Tradition über Gott gesagt wird, ist voller Bilder, die dem menschlichen Leben entlehnt sind. Gott wird oft als „er" bezeichnet, wir sagen,

dass Dinge oder Menschen „in Gottes Hand"
sind, dass Gott „sieht" und „hört" – das sind alles Metaphern. Wenn Gott alles transzendiert,
ist Gott weder männlich noch weiblich, weder
Mensch noch Tier, noch lässt er sich in die Kategorien einteilen, nach denen wir unsere Realität ordnen.

Glaube ist in meiner Auffassung, dass man sich
vertrauensvoll mit dieser transzendenten Instanz verbindet. Das bedeutet, dass ich darauf
vertraue, dass alles in einem guten Kontext steht
und dass Chaos und Leere nicht die ultimativen
Merkmale der totalen Realität sind. Ich kann
dieses Vertrauen nicht mit Fakten untermauern,
aber es lebt tief in mir – es basiert auf der Verbundenheit, die ich erfahre. Ich kann das nicht
durch rationelle Argumentation an jemand anderen weitergeben: Die einzige Möglichkeit, es
zu vermitteln, besteht darin, präsent zu sein und
diese gute Verbundenheit einfach zu vertreten
und zu verkörpern - indem ich ein „Ort Gottes"[6] bin und darauf vertraue, dass auch alles
um mich herum von Gott erfüllt ist.

---

[6] Der niederländische Dichter Gerrit Achterberg fängt
ein Gedicht an mit dem Satz: „Der Mensch ist vorübergehend ein Ort Gottes" (1961).

In der christlichen Tradition wird Gott als „persönliches“ Wesen verstanden. Natürlich muss dies auch metaphorisch interpretiert werden, denn „Person“ und „persönlich“ sind Begriffe, die aus der menschlichen Existenz abgeleitet sind. Wenn damit gemeint ist, dass Gott keine blinde und leere Kraft ist, dass Gott eine Instanz ist, mit der man sich mit seinem gesamten Wesen verbinden kann, dann kann ich dem voll und ganz zustimmen. Ich neige dazu, Gott eine „überpersönliche“ oder „mehr-als-persönliche“ Kraft zu nennen. Ich denke oft an Aussagen von Menschen, die nach einer Nahtoderfahrung sagen: Da war ein unbeschreiblich helles und schönes Licht, und dieses Licht kannte mich und hieß mich willkommen. Ein solches Zeugnis geht über die Begriffe „persönlich“ und „unpersönlich“ hinaus und berührt mich gleichzeitig. Ich selbst habe es noch nicht erlebt, und doch fühle ich tief im Inneren: ja, so ist es!

Ich weiß nicht genau, wie Gott sich zu der gesamten Realität verhält; das kann ich nicht übersehen, weil ich selbst in der Realität versunken bin. In der christlichen Tradition nennen wir Gott den Schöpfer des Universums. Dies wird üblicherweise so interpretiert, dass Gott und das Universum zwei völlig unterschiedliche Einheiten sind: Gott „war bereits da“ (obwohl man das eigentlich nicht sagen kann, bevor die Zeit erschaffen wurde) und hat beschlossen, das Universum entstehen zu lassen. Das Universum hätte also auch *nicht* existieren können. Gott ist das Absolute, die Realität, wie wir sie kennen, ist relativ oder kontingent. Gleichzeitig ist die absolute Macht, die wir Gott nennen, in dieser relativen Realität vollständig präsent. Nichts ist ohne Gott.

Richard Rohr, der Franziskaner, den ich zuvor schon erwähnt habe, drückt es so aus: Der Urknall (der Moment, in dem laut Naturwissenschaft das Universum entstand) ist das Ereignis, durch das Gott sich in Zeit und Raum inkarniert. Das Universum ist die Form, in der Gott sich entfaltet, sozusagen von innen nach außen stülpt. Gott ist die Quelle, der Anfang und die Essenz von allem. Aber über Gott kann man vor der Existenz der Welt genauso wenig sagen wie über die Welt vor dem Urknall, schon allein deshalb, weil der Begriff „vorher" außerhalb von Zeit und Raum keine Bedeutung hat.

Gott ist, wie ich es verstehe, das Zentrum der Verbundenheit, das Herz des großen Ganzen. Wer in der Unverbundenheit lebt, also der großen Verbundenheit den Rücken kehrt und vor allem selbst da sein will, notfalls auf Kosten der guten Verbundenheit - der kann Gott nicht erleben. Das bedeutet aber nicht, dass diese Person „ohne Gott" ist, denn nichts und niemand im Universum kann (meiner Meinung nach) ohne Gott sein.

Die Instanz oder Essenz, die in Glaubenstraditionen „Gott" genannt wird, könnte man auch mit anderen Begriffen andeuten. Weil ich aber die Verbundenheit als mehr-als-persönlich erfahre, und weil sie begleitet wird von Emotionen, Dankbarkeit und Liebe für alles, was ist, komme ich weniger gut aus mit *un*persönlichen Qualifikationen des Göttlichen.

Dass Gott für mich keine unpersönliche, sondern eine mehr als persönliche Instanz ist, kommt auch darin zum Ausdruck, dass ich mich im Gebet und in der Meditation an Gott wende. Durch Beten und Meditieren begrüße ich Gott als die Seele des Universums in meiner eigenen Seele, als den Kern des Universums in meinem eigenen Kern. Ich öffne das Haus meines Körpers und Geistes dem großen Licht, der Quelle von allem, was ist, der Kraft, die allem Zusammenhalt verleiht, der Liebe – oder kurz: Gott.

Wenn ich ein Gebet spreche, ist mir natürlich klar, dass die Worte in erster Linie für mich selbst gedacht sind, um meinen Gedanken und tiefsten Wünschen Gestalt zu verleihen. Ein

Gebet zu sprechen ist (wenn es richtig gemacht
wird) eine Möglichkeit, klar und ehrlich zu sich
selbst zu werden und gleichzeitig Gott in Körper und Geist willkommen zu heißen. Und
wenn ich in einem Gottesdienst oder am Ende
eines pastoralen Gesprächs ein Gebet für
meine Mitmenschen spreche, ist das eine Möglichkeit, verletzlich zu werden und so aufrichtig
wie möglich zu teilen, was in der Gemeinschaft
lebt. Ein Gebet soll nicht Gott beeinflussen: indem wir beten, erlauben wir Gott, uns zu ver-
ändern. Betend oder meditierend sind wir weniger isoliert und stärker mit dem großen Ganzen verbunden.

10. Sterben

In den letzten 35 Jahren habe ich als Pfarrer oft am Krankenbett von Menschen in ihrer letzten Lebensphase gesessen. Manchmal war ich dabei, wenn jemand seinen letzten Atemzug tat, und das habe ich immer als einen heiligen Moment erlebt. Es ist jedes Mal ganz anders und es macht mich immer wieder neugierig: Wie wäre es, diesen Übergang von innen heraus zu erleben? Manchmal ist es so deutlich, dass der Sterbende ganz andere Dinge wahrnimmt als wir, die um das Bett herum stehen. Manchmal ist jemand fast spürbar in einer anderen Welt. Man könnte das als Halluzination interpretieren, als eine Wahnwelt, die von einem Gehirn im Krisenzustand hervorgerufen wird – aber ich habe es zu oft erlebt, um es so sehen zu können.

Als ich jünger war, habe ich lange Zeit gedacht, dass sterben, egal ob man religiös ist oder nicht, immer von Todesangst umgeben sein wird.

Einerseits, weil die gesamte physische Existenz ausgelöscht wird, und andererseits, weil man nicht weiß, was danach kommt. In den ersten Jahren meiner Pfarrerkarriere war es eine besondere Entdeckung, dass die überwiegende Mehrheit der Menschen, die den Tod kommen sehen (d. h. die nicht unerwartet sterben), letztendlich in Frieden stirbt. Beeindruckt hat mich die Entwicklung, die Menschen oft in ihren letzten Wochen und Tagen durchlaufen und durch die der Tod sein Antlitz wechselt: Das schwarze Loch wird zur geöffneten Tür. Die Frage, was sich hinter dieser Tür verbirgt, fasziniert mich. Wie auch immer ich es mir vorstelle, ich bin mir sicher, dass es in der Realität noch ganz anders sein wird.

In der ersten Woche im Krankenhaus habe ich aufgeschrieben, was meine Angehörigen wissen sollten, wenn ich sterben würde – was meine Wünsche und Gedanken zum Tod und zur Beerdigung sind. Eigentlich hätte ich das viel früher tun sollen. Ich rate anderen immer, nicht zu lange damit zu warten, aber ich dachte immer: das kommt schon. Nun bat meine Frau Wilma darum und mir war klar, dass sie angesichts meines Zustands allen Grund dazu hatte. Also fing ich an zu schreiben und zu meiner eigenen Überraschung kam alles ganz natürlich, tief aus meinem Inneren. Es war eine gute Übung, sie brachte mich näher an den Punkt, an dem ich mich befand, und ich erlebte es als einen Heilungsprozess: Ich konnte das Ende des Lebens als eine Möglichkeit sehen. Es stellte sich heraus, dass es nicht beängstigend war, diese Realität zuzulassen. Das Gefühl der Verbundenheit mit Himmel und Erde wurde nur noch stärker.

Ich muss aber auch gestehen, dass ich nach Erledigung dieser Schreibübung nicht mehr wirklich an den Tod gedacht habe, selbst als sich mein Herzzustand dramatisch verschlechterte und die Entscheidung für eine Operation getroffen wurde. Ich konnte sehr entspannt mit dem Strom mitschwimmen, mit all meiner Aufmerksamkeit für den Moment. Vielleicht ist es wirklich wahr, was ich Menschen sage, die Angst davor haben, nicht bereit dafür zu sein, wenn die Zeit ihres Todes gekommen ist. Ich sage dann immer etwas wie: Du bist erst so weit, wenn es soweit ist. Du musst nicht bereit sein, wenn der Moment noch nicht da ist. Befinde dich einfach dort, wo du gerade bist, mit engagierter Aufmerksamkeit – bleib in Verbindung.

Zur großen Verbundenheit gehört meiner Meinung nach auch, dass das Leben eins ist – dass meine individuelle Existenz sozusagen ein Funke aus dem Feuer oder ein Tropfen aus dem

Meer ist. Es ist für die Dauer meines Erdenlebens vom größeren Ganzen abgespalten und wird bald wieder in dieses zurückfließen. Das mag so klingen, als würde man spurlos verschwinden, aber ich denke, dass alle Erfahrungen und Erinnerungen, alles, was wirklich wichtig ist, mitkommen und das Ganze bereichern.

Ich denke also (aber ich weiß, ich kann mich irren), dass meine individuelle Persönlichkeit nach meinem Tod nicht ewig bleiben wird. Als junger Mensch (in meiner ersten Lebenshälfte) hätte ich das gehasst. Zur Frage von *Queen*: *Who wants to live forever?* –wäre ich der Erste gewesen, der sich gemeldet hätte: Ich! Jetzt aber erkenne ich, dass mein individuelles Selbst auch ein Hindernis ist, niemals frei von Trübungen, und wie sehr ich auch daran hänge, es wird gut sein, es eines Tages loszulassen und mit dem Ganzen zu verschmelzen. Ich bin überzeugt, dass dies kein Verlust, sondern pure Erfüllung sein wird.

Viele Menschen um mich herum, auch im christlichen Umfeld, denken, dass wir als Individuen frühere und nachfolgende Leben haben, dass wir schon einmal hier waren und dass wir wieder zurückkommen werden: Reinkarnation. Ich kenne auch Menschen, die Erinnerungen an ein früheres Leben haben oder Déjà-vu-Erlebnisse haben, die aus einer anderen Existenz zu stammen scheinen. Persönlich denke ich, dass diese Erfahrungen real sind, aber dass ein solches „Vorleben" nicht meine persönliche Vorexistenz war. Erfahrungen und Erinnerungen an andere Tropfen aus dem großen Meer (oder Funken aus dem großen Feuer) können zu einem kommen. Oder um ein anderes Bild zu verwenden: Es sind lose Fäden, die noch abgebunden oder in das große Ganze eingeflochten werden müssen, etwas muss noch getan werden und das kann sich einem einfach als Aufgabe präsentieren. Nicht umsonst betreffen fast alle Erinnerungen an frühere Leben Lebensgeschichten, die abrupt zu Ende gingen. Die sollen mit Respekt und Hingabe zur Ruhe gebracht und in das Ganze integriert werden. Ich nenne sie nicht „frühere Leben", sondern „andere Leben", und die Tatsache, dass sie an deine Tür klopfen können, ist auch ein Aspekt der großen Verbundenheit.

11. Jesus und Franziskus: das Kreuz und der Kreis

Zwei Symbole der Einheit: der Kreis, der alles umschließt, und das Kreuz, das alles durchdringt. Das Kreuz breitet seine Arme aus und der Kreis ist eine Umarmung.

Wenn ich an das Kreuz denke, denke ich nicht in erster Linie an das römische Folterinstrument, sondern an die Haltung Christi. In den ersten tausend Jahren der christlichen Tradition wurde Jesus in seiner Kreuzhaltung meistens nicht als jämmerlich leidende Figur dargestellt. Eine solche „historisch korrekte" Vorstellung kam erst später in Mode. Am Anfang wurde Jesus nicht „hängend" am Kreuz dargestellt, sondern gleichsam aufrecht stehend, mit segnend ausgebreiteten Armen. Es wurde nicht die historische Realität dargestellt, sondern die tiefere Wahrheit, die mit dem Tod Jesu am Kreuz verbunden ist: dass er weiterhin segnete, obwohl er verflucht war; dass er weiterhin andere willkommen hieß, obwohl er geächtet wurde; dass er sich weiterhin öffnete, obwohl die Welt sich für ihn verschloss. So könnte das Kreuz zum Symbol der Liebe werden, die stärker ist als der Tod – und zum Symbol der verletzlichen Offenheit, die den Menschen zur Wohnstätte Gottes macht. Es ist ein Symbol, das man im eigenen Leben üben kann: Sich nicht wappnen, den Mut haben, verletzlich zu bleiben, in Verbindung zu bleiben. Denn wer sich gegenüber dem Anderen, dem Chaos oder dem Fremden verschließt, schließt nicht nur das Böse, sondern auch alles Gute aus.

Im Hochmittelalter war Franz von Assisi der Inbegriff großer Solidarität: Als Kind reicher Eltern suchte er die Verbindung zu den Armen, als Mensch einer hohen städtischen Kultur suchte er die Verbindung zur Natur und den Elementen. In seinem „Sonnenlied" besang er Sonne und Mond, Wasser und Feuer, Leben und Tod als Brüder und Schwestern, mit denen er Gott lobsingt. Wenn ich an Franziskus denke, muss ich an den Kreis denken: an die Sonne, aber auch an die Vögel oder Tiere in einem Kreis um ihn herum, an die Liebe und Solidarität, die alles umfasst. Der derzeitige Papst Franziskus greift in seiner „Klima-Enzyklika" *Laudato si'* die Fackel des mittelalterlichen Franziskus auf. Er schreibt dort ausführlich über die große Verbundenheit mit Erde und Himmel, deren Bewusstsein der Mensch so sehr verloren hat. Als Motto für den Anfang dieses Büchleins habe ich ein Zitat aus diesem päpstlichen Schreiben verwendet.

Höchster allmächtiger und guter Herr,
dein sind der Lobpreis, die Herrlichkeit und Ehr.

Herr, sei gelobt durch Bruder Sonne,
er ist der Tag, der leuchtet für und für.
Er ist dein Glanz und Ebenbild, o Herr.

Herr, sei gelobt durch unsre Schwester Mond
und durch die Sterne, die du gebildet hast.
Sie sind so hell, so kostbar und so schön.

Herr, sei gelobt durch unsren Bruder Wind,
durch Luft und Wolken und jeglich Wetter.
Dein Odem weht dort, wo es ihm gefällt.

Herr, sei gelobt durch Schwester Wasser,
sie ist gar nützlich, demutsvoll und keusch.
Sie löscht den Durst, wenn wir ermüdet sind.

Herr, sei gelobt durch Bruder Feuer,
der uns erleuchtet die Dunkelheit und Nacht.
Er ist so schön, gar kraftvoll und auch stark.

Herr, sei gelobt durch Mutter Erde,
die uns ernährt, erhält und Früchte trägt.
Die auch geschmückt durch Blumen und Gesträuch.

Herr, sei gelobt durch jene, die verzeihen,
und die ertragen Schwachheit, Leid und Qual.
Von dir, du Höchster, werden sie gekrönt.

Herr, sei gelobt durch unsren Bruder Tod,
dem kein Mensch lebend je entrinnen kann.
Der zweite Tod tut uns kein Leide an.

Lobet und preiset den Herrn in Dankbarkeit,
und dienet ihm mit großer Demut.

Uh Viereck, Das große Sonnenlied des hl. Franziskus

12. Leben in Verbundenheit

Die Kontrolle hatte ich verloren, aber ich war einfach da, mit Aufmerksamkeit und Interesse: So habe ich während meiner Wochen im Krankenhaus das „Leben in Verbundenheit" erlebt. Ich habe mich nicht dafür entschieden, es ist einfach so gekommen, aber ich bin froh darum. Es stellte sich heraus, dass es möglich war, mit dem Fluss des Lebens zu gehen und das, was kommt, mit Zuversicht kommen zu lassen. In gewissem Sinne auch willkommen zu heißen, was kam, auch wenn es nicht so lief, wie ich es mir erhofft hatte.

Das ist nicht ein Rezept, das ich anderen anbieten kann. Ich weiß gar nicht, ob es mir beim nächsten Mal wieder so ginge. Ich hoffe es, aber auch das liegt außerhalb meiner Kontrolle.

Oft denke ich: vielleicht habe ich einfach großes Glück gehabt, weil ich zum Beispiel nach beiden Operationen kaum Schmerzen hatte. Aber ohne diese tiefe Entspannung und dieses Vertrauen hätte ich wahrscheinlich viel mehr Schmerzen gehabt. So ist das, wenn alles mit allem zusammenhängt.

Die Kontrolle loslassen und trotzdem konzentriert bleiben – das war eigentlich schon immer das Rezept für ein gutes Gespräch. Seit vielen Jahren praktiziere ich das, wenn ich als Besucher ein Krankenzimmer betrete. Bevor ich an die Tür klopfe, sage ich mir: Lass dich von dem Kranken oder Sterbenden führen, lass geschehen was passiert. Wenn keine Worte kommen, ist das auch in Ordnung. Es wird sich zeigen, wenn du Zuversicht hast.

Es war gut, es einmal von der anderen Seite zu erleben. Es wäre auch gut gewesen, wenn alles anders gekommen wäre. Aber ich bin zutiefst dankbar, dass es so gelaufen ist. Dass ich leben darf in Verbundenheit mit der Erde und dem Himmel und mit jedem, der dies liest.

Im Oktober 2023 schrieb ich einen kurzen Text für eine Postkarte, die von Mitgliedern der Kirchengemeinde De Ark in Hendrik-Ido-Ambacht (der Kirche, der ich als Pfarrer angehöre) als Weihnachtsgruß verwendet wurde. Ich gebe diesen Text hier als abschließende Zusammenfassung. Wilma fertigte das Bild aus Fragmenten der vielen Postkarten an, die ich im

Krankenhaus erhielt. Das ist wiederum, wie könnte es anders sein, ein Bild der Verbundenheit.

Wie verbunden du bist
mit Erde und Himmel,
mit Menschen und Dingen, mit allem,
dass du getragen wirst und sein darfst,
umgeben von Gebeten und Güte:

Du merkst es nicht, solange du dich wehrst,
solange du die Rüstung um dich verschließt;
du möchtest das Böse ausschließen, natürlich,
aber so schließt du auch das Gute aus.

Verwundbar werden, offen für alles, was kommt,
wehrlos wie Maria, die sagt:
lass es kommen;
empfängliches Herz, offene Hände –

Und entdecken, dass auch in einer siedenden Welt
es mehr Gutes gibt als Böses, mehr Liebe als Hass,
mehr Gott als was denn auch,
zärtlich, zerbrechlich, aber schon,
als ein Kind wird es dir in die Hände gelegt

Über dem Autor

Dr. Piet van Veldhuizen (1959) studierte Theologie und Sozialethik in Utrecht, Lublin und Warschau. Er war evangelischer Pfarrer in Warschau, Willemstad (Nordbrabant) und Rotterdam und ist seit 2008 Pfarrer in Kirchengemeinde De Ark in Hendrik-Ido-Ambacht.

Er veröffentlichte mehrere Bücher und übersetzte Bücher aus dem Englischen und Deutschen, z. B. *The Dignity of Difference* von Sir Jonathan Sacks und *Gott 9.0* von Marion und Werner Küstenmacher und Tilmann Haberer.

Viele Dutzend exegetische Artikel und meditative Texte finden Sie auf der Website woordenmetzielenzin.nl

Impressum

Dieses Büchlein wurde im Eigenverlag von Piet van Veldhuizen und Wilma van der Eijk erstellt und im Januar 2024 bei WIRmachenDRUCK GmbH in Backnang, Deutschland, gedruckt.

© Piet van Veldhuizen und Wilma van der Eijk

Texte aus diesem Büchlein dürfen unter Angabe der Quelle zitiert oder kopiert werden. Das Heft als Ganzes darf nicht für kommerzielle Zwecke kopiert werden.

Die Bilder wurden von Wilma van der Eijk auf der Grundlage vorhandener Einstrichzeichnungen erstellt, für die die Rechte erfüllt wurden. Das Bild auf Seite 71 wurde mit Genehmigung des Pfarrers und Künstlers Uli Viereck aufgenommen.

Verlag: BoD · Books on Demand GmbH, Überseering 33, 22297 Hamburg, bod@bod.de
Druck: Libri Plureos GmbH, Friedensallee 273, 22763 Hamburg
ISBN: 978-3-8192-0012-0

FSC
www.fsc.org
MIX
Papier aus ver-
antwortungsvollen
Quellen
Paper from
responsible sources
FSC® C105338